Todos Los Fantasmas De Esta Casa
All the Ghosts in this House

Todos Los Fantasmas De Esta Casa
All the Ghosts in this House

Frydha Victoria

Translated By: J Allen Steiman

WALNUT STREET
— **PUBLISHING** —

ISBN: 978-1-967230-07-5

Cover by Pierce St Rose

Walnut Street Publishing
1673 South Holtzclaw Studio 14
Chattanooga, TN 37404
www.walnutstreetpublishing.com

Para mi abuela Ricarda, por su cariño.

Para poderte hablar
tuve que volver a llenarme de aire
los pulmones.
Y cuidar que no se me encogieron las palabras,
el corazón, los ojos,
porque aún se me deshacen de agua
si te nombro...

-Enriqueta Ochoa

For my grandmother Ricarda, for all her care.

In order to speak to you
I had to fill my lungs once more
with air.
And take care that my words didn't shrink,
my heart, my eyes,
because they still melt like water
if I pronounce your name...

-Enriqueta Ochoa

I

COLUMBA

Mi madre me dio un cuerpo
al que pronto le hicieron falta piezas
astillas de piel que se quedaron
en las esquinas de la casa

con los años
de mi cadera también corrió sangre
y supe decirle adiós por la rendija del agua

Lloré en silencio la desintegración
me acostumbré a soltar cada cosa que llegaba
jugué con los reflejos de mi cuerpo
y lo descubrí
oscuro   irreconocible   seco

My mother gave me a body
quickly undone
skin splintered settling
in the corners of our house

in time
blood from my hips also ran
and I knew to say goodbye by the part in the
waters

I wept in silence for my disintegration
I grew accustomed to letting go of all which
came my way
I toyed with the reflection of this body
and found it
dark   unfamiliar   dry

El sonido del aire acondicionado
desgarra el sueño
en esta escena yo leo un libro
y veo
cómo al otro lado de la habitación
una araña minúscula quiere tejer algo

ella escala las paredes
que son inmensas
más grandes
y más blancas
que el departamento que habito

pienso que no está encerrada
si su mundo es este cubo
de humedades y ruido

The air conditioner growl
tears me from sleep
in this scene I am reading a book
and I notice
on the other side of the room
how a tiny spider longs to weave something

she scales my walls
which are immense
grander
and whiter
than the apartment itself

and I think her not so confined
in this cube her whole world wide
and damp and noisy

Soñe a mi papá y por un momento olvido su
muerte
estábamos compartiendo el desayuno
mientras contaba sus historias de esa noche

recuerdo muy bien el instante
porque un vaso de jugo cayó de mis manos
y los cristales se esparcieron
a lo largo de nuestra casa
después un perro ladró hasta despertarme
y papá no pudo completar la anécdota

al final no importa mucho
porque estoy segura
que en otro plano
alguien bebe un vaso de agua
mientras se ríe del mundo onírico

estoy segura que ahí
las familias sí están juntas

I dreamt of my father and for a moment undied
his death
we were sharing breakfast
while he recounted the story of that night

it's a moment I remember well
because a glass of juice slipped from my hands
and the crystal scattered
throughout the house
a dog howled until I woke
and Papá never finished his tale

in the end it matters not
I am certain
that in some other plane
someone is drinking their glass of water
while the dream-world laughs

I am certain that there
families remain whole

Llevo en el rostro la tristeza de mi madre
observo mi cuerpo en el cristal del baño
y solo encuentro la tristeza de mi madre

desnuda
al momento de hacer el amor
imagino a mi madre en juventud
ese saco de ilusiones que vació el tiempo

pese al llanto
la viuda del barrio sonríe
mientras enciende un altavoz de baterías

no se acaba la tristeza
el arrecife de su cuerpo
tiene mucho que entregar

I wear my mother's sorrow on my face
I inspect this body in the bathroom crystal
find only my mother's sorrow

nude
at the precise moment of making love
I picture my mother in youth
a purse of illusions emptied by time

in spite of her wailing
the neighborhood widow smiles
as she turns up her music

but the sorrow lives on
and so much is hidden
in the reef of her body

Yo
que perdí la batalla contra la voluntad
el vacío de sentirme otra
que me amortajé el cuerpo hasta retroceder
e ignoré la inclemencia
el estertor sobre mi clavícula izquierda

Yo
que rebasé la catástrofe
y atestigüé el sonido   la fuerza
nuestro reflejo en el agua incitándome a
comenzar

Yo
que desgarré mi garganta
que el humo me envolvió en un mareo
en la mala suerte del extravío

Yo
que no supe después
a quién reclamar el infortunio

I
who lost my battle against will
the chasmic feeling that I am some other woman
who shrouded this body until it disappeared
ignored the inclemency
the rattling left clavicle

I
who transcended catastrophe
who attested to the sound   the force
our reflection on the water goading me to try

I
who tore at my own throat
dizzied by smoke
and the bad luck of wandering turns

I
who didn't know after
on whom to blame my misfortune

Comprendo que no quieras ver
mi cobardía para enfrentar al monstruo
que se presenta como una muralla
de polvo y sangre

es fácil ponerse al filo de la piedra
mirar cañón abajo y desvanecerse

Asumo tu decepción
pero yo nací en la orilla
fui hecha para mirar desde afuera
lo que otras personas construyen

Desarraigada puse las manos en otra parte
para que no tocaran ni el aire

se trata de evitar el caos
oigo decir

I understand you'd rather not see
my cowardice in the face of this monster
which appears to me a wall
of dust and blood

it's easy to stand on the knife edge of a stone
to peer into the canyon and fade away

I bear your disappointment
but I was born on the boundary shores
I was made to peer from outside
at what others have built

Uprooted I thrust my hands into another plane
to escape even the air

it's about avoiding chaos
I am told

La soledad es una gota
que termina por desbordarse
todavía veo
cómo a pesar de los remiendos
mi piel muestra sus fugas
en forma de cicatrices

este cuerpo es una llaga que no puede sanar
siempre está inundándose

the slow loneliness drip
eventually brims over
I can see that
despite all my patchwork
it goes on leaking through my skin
in shapes like scars

this body is an ulcer that will not heal
this body is always drowning

Todo lo que quise fue agarrando camino
salió de viaje
con la maleta al hombro nos despedía

muchas tardes desde la ventana
observé las sombras pequeñas
que borraba el tiempo

pero tú
hombre de múltiples rostros
patriarca de los que no existimos
cavaste con tus manos la tierra
para tener dónde llorar

All that I loved hit the road
set out
with a suitcase on his shoulder we waved
goodbye

many afternoons from my window
I watched the small shadows
blurring time

but you
many-faced man
patriarch to we who don't exist
you hollowed the earth with your hands
to make a place for crying

Cada día siembro en mi cabeza
grandes poemas que no serán escritos
hacerlo significaría arruinar momentos
destruir paisajes
gritarle a mi madre tantas verdades
que terminarían por romperla

en lugar de eso
prefiero caminar cada tarde
repitiendo algunos versos
para sanar al mundo de tantas heridas
que permanecen abiertas
      en los cajones familiares

Every day I sow in my mind
tremendous poems that will never meet the page
to write them would ruin memory
ravage landscapes
bellow truth at my mother
until she splinters

instead
I walk each afternoon
chanting verses
to heal the world's many wounds
festering
              in the back of family dresser drawers

Escuché la conversación tantas veces
que casi puedo adivinar tus gestos:
estás sentado en la silla principal de la mesa
repartiendo el pan como siempre
que llegabas a casa y yo veía
tu sombra hacerse grande por la puerta

alguien dice tu nombre desde afuera
entonces abandonas la silla de gigante
para revelar el secreto
yo te puse Columba
y me nombraste de nuevo
y reconfiguraste mi cuerpo al de otra mujer
y entonces yo fui una hija diferente
que podía volar
en las nubes de tu memoria

(yo en cambio no puedo adivinar tu figura
porque de ti el último recuerdo
es una menudencia de hombre
atado a los cables de un respirador)

Mamá
al fondo de la cocina
grita mi nombre con furia
tú le dices *cálmate*
y empiezas otra vez la historia

Yo quería llamarte Columba

I have heard that story so many times
I can almost imagine your gestures:
you are seated at the head of the table
breaking the bread like always
you would have come home and I would have
watched
your shadow grow large in the doorway

someone calls your name from outside
and you abandon the colossal chair
and reveal your secret
I would have named you Columba
and you named me anew
and you reshaped this body like some other
woman
and I became some other daughter
soaring
through your clouded memories

(I cannot however imagine your figure
of you my enduring memory
is a wisp of a man
tied to the earth by respirator tubes)

Mamá
from the depths of the kitchen
calls my name madly
and you tell her to *calm*
and begin the story again

I wanted to call you Columba

II
MATRIOSHKA

Existe el mito de un hombre
cuya mano quiso construir una muñeca
dentro de otra muñeca
y luego una más

trabajó la arcilla para mitigar sus miedos
las hizo a semejanza
          tres mujeres idénticas
          que se esfuerzan para olvidar

There is a myth about a man
whose hand yearned to sculpt a doll
within a doll
and then another

he worked the clay to dull his fears
he made them each alike
        three identical women
        striving to forget

Mi abuela brotó de su madre
una mañana de noviembre
con las uñas diseñó el camino
por donde pasarían sus hermanos

nos impuso su existencia
sembrando los pies al suelo

Puso su vida en hijos que corrieron lejos
y aprendió a descifrar en retratos
conversaciones con ella misma

danzando en el patio de la casa
colgó la soledad en los tendederos
        que escurrieron
                hasta evaporarse

My grandmother burst from her mother
one November morning
with her fingernails she engraved the walls of the
hall
which her siblings would walk

she imposed her existence upon us
sowing her feet in the soil

She gave her life to her children who scattered
she learned to decipher in their portraits
conversations with herself

dancing on the patio
she pinned her loneliness to the clothesline
       it dripped
               evaporated

Yo
para pensar en los orígenes
imagino a mi abuela como una *matrioshka*

en algunas ocasiones
escucho las voces de las mujeres de la familia
rebotando en las esquinas de la casa
hasta unificarse en un eco conjugado
que grita mi nombre

I
in pondering my origins
envision my grandmother *matrioshka*

sometimes
I hear the voices of my family's women
rebounding in the corners of the house
until they coalesce into a single echo
bellowing my name

Déjame contarte
cómo admiro en tu imagen
mi retrato del futuro
cómo cuando dices *bueno*
oigo mi voz a décadas de distancia
y pienso que hay que hablar con los santos
para que las arrugas me sean suficientes

Ahora que te tengo aquí
dime
¿cómo te sentiste cuando un doctor
habló de tu parto vacío?
¿cómo cuando tus padres te dejaron en el
hospicio?
¿cómo cuando te entregaste a un hombre
para no soportar los maltratos de otro?

Let me to tell you
how in your semblance I admire
my own future portrait
how when you say *bueno*
I hear my own voice as though from decades
distant
and I think that I ought to speak with the saints
that I ought to earn this wrinkled brow

Now that we are here
tell me
how did you feel when the doctor
spoke aloud your stillbirth?
how too when your parents left you in the
orphanage?
how when you gave yourself to one man
so as not to endure the mistreatment of another?

Ella tomó los momentos de su vida
para tejer un montón de nudos
a los que ahora llama recuerdos

últimamente no encuentra forma de revertir la
madeja
          confunde los nombres de sus hijos
y a veces las fechas de nacimiento

desde aquí puedo ver cómo sus ojos se cristalizan
porque no conoce la salida
de ese laberinto que ha construido
durante setenta años

Of her life's many moments
she wove heaps of knots
and called them reminiscence

lately she can't seem to untangle them
        she confuses the names of her children
their birthdays

from here I watch her eyes crystallize
searching for an exit
from the labyrinth she herself built
during seventy long years

En las manos tiene
surcos de donde brotan flores
son oscuras cuando se enoja
sonríen los mejores días
de su pecho salen tallos de hierba con los que
abraza los recuerdos

Mi abuela
es una flor hermosa
en el jardín de nuestra familia

In her hands
are furrows where flowers sprout
dark with her anger
or beaming on better days
at her breast grow bundles of herbs to envelop
her past

My grandmother
is a devastating bloom
in this our family garden

Ricarda
mírame caminar por la orilla de tus recuerdos
agarrar las piedras en el campo de tu primer beso
recorrer el río de sangre
que dibujó la cuenca de tus piernas

Quiero sumergir mis manos
en el cuerpo de agua
que adoptó tus lágrimas

Ricarda
watch me walk the shores of your memory
picking stones in the fields of your first kiss
visiting the river of blood
tipped from the basin of your hips

I want to submerge my hands
in the body of water
that swept away your tears

Al llorar
las cuencas de sus ojos forman
un borboteo de agua
que se expande hasta cubrir toda la casa
entonces la luz fractura el silencio
y las paredes brillan
hasta derrumbarse sobre nosotras

En ocasiones despertamos del letargo
volviendo a edificar los restos

cuando tenemos menos suerte
admiramos el paisaje
desde los escombros que no podemos juntar

And when she cries
a bubbling spring
spills from her earthen eyelids
spills until it swallows our house
until light fractures silence
and the walls shine
and fall down around us

Occasionally we wake from our torpor
return to sort debris

on days less fortunate
we admire the landscape
from the irreparable rubble

Años atrás alguien vino a nosotras
combinó ceniza y agua
después nacimos

Long ago that man came to us
combined ash and water
and made us born

La nuestra la viva la matriarca
la que jamás besó una boca
la estática flor de la memoria
la infante la desarraigada
la siempre temerosa
la pálida mano que me sostiene
la cara de muñequita
la sonriente la que llora a medias
la mujer de fe la encarnación de Dios
la amorosa la que nunca duda
la cuentacuentos la cocinera
la viejecita del barrio
la mujer de las flores hermosas
la cantante la bailarina
la llena de vida la anunciadora
la mártir de las soledades
la que a pesar de la tristeza canta
la de la actitud estoica la imperturbable
la dueña de los buenos modales
la amplitud de todas la palabras

ayer dijo mi nombre

Our woman our life our matriarch
she who never kissed a mouth
the static flower of our recollection
the child the uprooted
the forever fearful
the pallid hand that holds us
the doll cheeks
the half-weeping smile
the woman of faith incarnation of God
the lover who never doubts
the storyteller the cook
the neighborhood crone
the petaled woman shining
the singer the dancer
the spirited the critic
the loneliness martyr
she who sings in spite of her sadness
stoic unperturbable
the monarch of polite company
the amplitude of all words

yesterday she said my name

III
TODOS LOS FANTASMAS DE ESTA CASA

El recuerdo de mi padre grita desde la estancia
pide café y nueces tostadas para pasar el día

instalada en la cocina
abro el frasco de frutos con la mano derecha
con la mano izquierda dibujo su rostro
esforzando los huecos de mi mente
que todavía memorizan sus detalles

cuando tengo todo listo
regreso a donde él me habla

solo me reciben
un montón de arena y huesos

From the drawing room my father's memory
barks
he wants a coffee and toasted walnuts to while
away the day

standing in the kitchen
I open a jar of fruits with my right hand while
sketching his face with my left
straining the ruts in my mind
where his features languish

when all is prepared
I return to the source of his voice

I am greeted only
by heaps of sand and bone

Tres muñecas
observan detenidamente su cuerpo
en un cristal infinito

la más grande concluye sobre la vida
imaginándola como una plegaria
que se repite a sí misma

la segunda en tamaño
asegura que el tiempo es relativo
y decidió quebrar los relojes de su casa

yo
que soy pequeña y soy la última
tallé mis formas para descubrir
la planicie de nuestra tristeza

Three dolls
squint at his body
in an infinite crystal

the largest considers life
she imagines it as a prayer
unto itself repeated

the second in size
assures that time is relative
and resolves to smash every clock in the house

and I
the smallest and the last
trace my shape to uncover
the plains of our sadness

El viento golpea la ventana
me dice *sal a ver los coches*
y entonces tengo envidia
y mi mente deja de ser un molde
que solo alberga miedo

desde aquí
el mundo parece enorme
y yo
un montón de sentimientos
que se ahogan en mi propio cuerpo

Ya no puedo respirar en mi propio cuerpo

The wind beats at the window
says to me *go out and see the cars*
and then I am envious
and then my mind ceases to be a cavity
that holds only fear

from here
this world seems enormous
and I
a horde of feelings
drowning inside this body of mine

Unable to breathe inside this body of mine

¿Cuántas personas existen en el mundo?
¿Cuántas de ellas llevan mi nombre?
¿También tienen miedo?
¿También lloran cuando alguien las mira?
¿Por qué se llaman así?
¿Por qué querer cargar este sino?
¿Qué sucede cuando una de ellas muere?
¿A dónde va el alma de las que nos llamamos
igual?

¿El cielo está abierto para nosotras
o por qué de alguna forma siento
que debo irme?

How many are we?
How many bearing my name?
Do they fear also?
Do they cry when beheld?
Why are they so named?
Why carry this fate?
What happens when they die?
Where do souls bearing this name go?

Does the sky part for us
or why do I feel somehow
that I must go?

La mascota de mi amigo murió esta mañana
tomó una sonda espacial
se fue lejos
y ahora flota en una galaxia paralela

en la habitación contigua
Luis contempla
un momento histórico a través de la pantalla:
dos naves espaciales se unen
y al mismo tiempo
un montón de personas vuelven a pisar el mundo

pero solo hay tristeza y enfermedad
en esta pelota de agua

A friend's beloved pet died this morning
he took a space probe
he went far
he floats now in a parallel galaxy

in the next room
Luis contemplates
a historic moment on the screen:
two spaceships merge
and in the same moment
so many feet return home to earth

but there is only sadness and sickness
on this watery orb

Destruidas
las partes de mi cuerpo habitan la casa
me descubro quieta y navego
en costas que todavía nadie conoce

aun con el peso de los insectos caminándome
me asumo íntegra
en esta mezcla de huesos y agua
que todavía son persona

Wrecked
the parts of my body wallow in this house
I find myself still and navigate
coasts yet unknown

still with the weight of the insects that crawl
over me
I assume myself whole
this solution of water and bones
that somehow remains human

Se siente como si algo tronara
como si el destornillamiento de la carne
fuera el agua que cede

se siente como perder la última pieza
de este rompecabezas
de este cuerpo
mío

se siente como si no me hubieran tocado

en esta tierra que me cubre
ya no nacen flowers

It feels as though something thunders
as though the flesh unscrews
from receding waters

as though I've lost the last piece
of this puzzle
of this body
of mine

it feels as though I had never been struck

here where the earth has covered me
flowers no longer sprout

I

Este es un poema
este es un poema que habla de mi padre
este es un poema que habla
de mi padre y su cuerpo
que habla inversamente de nuestra historia

este podría ser un poema continuo
habita todos mis recuerdos
se sostiene por sí mismo
dialoga a través del tiempo y la expansión de sus
dimensiones

esta de aquí
es una oración que tiene canas en la barba
esta otra
se expande como dos brazos que atrapan mi
niñez
La conclusión de la estrofa es la muerte de mi
padre

II

Escribo la palabra *poema*
porque no quiero decir miedo
la leo en voz alta para ocultar
el rastro sonoro
del médico que nos dio la noticia
~~subrayo tres veces~~
para no ver a mi madre
cayendo al suelo del hospital

I

This is a poem
this is a poem about my father
this is a poem about
my father and his body
about the inverse nature of our story

this poem could be infinite
it resides in each of my memories
it feeds on itself
it dialogues through time and expands its
dimensions

this here
is a grizzled prayer
this other
expands like two great arms strangling my youth
The conclusion of the verse means the death of
my father

II

I write the word *poem*
because I don't want to say fear
I read it aloud to drown out
the monologue
of that doctor reading us the diagnosis
~~I underline it three times~~
so I won't see my mother
fall to the hospital floor

III

Estas sílabas se edifican
igual que la casa que nos construiste

Discúlpame si te digo
que abandoné sus paredes
y me hice de otra cara
y otro cuerpo negado al tuyo
porque no quise verte
en los espejos de mi memoria

Aturdí los rostros que hablaban de ti
quise simular que no estuviste
pero luego alguien dijo tu nombre
y no pude más que quebrarme
entregar las piezas
de este cuerpo abandonado

IV

¿Cómo nombramos esto?
¿Cómo decir *yo era una hija*
carne hecha de tu carne?
¿Cómo decir *tú eras un padre*
manso animal de cuerpo tibio
de amor constante de palabras?
Tu nombre es ahora
un nudo dibujado en mi lengua
este músculo sin voluntad
que no te enuncia

III

I build these syllables
as you built us this house

Forgive me if I admit
that I have abandoned those halls
and made for myself a new face
and made for myself a new body denied to yours
to keep from seeing you
in the mirrors of my memory

I smudged the faces that spoke of you
I wished to imagine that you never were
but again your name was spoken
and all that was left was to fracture
to deliver the pieces
of this forsaken body

IV

How shall we name this?
How do I say *I was a daughter*
flesh of your flesh?
How can I say *you were a father*
docile warm-bodied animal
speaking always of love?
Your name is but
a knot in my tongue
indifferent muscle
that will not utter you

V

Yo era

Pero de ti solo me queda la sangre
el engrane inverso
de nuestra genética

V

I was

But of you all keep is blood
the inverse enmeshment
of our genes

De repente alguien golpea
y la piel de mi cara se amolda
como la masilla para hacer figuras de la infancia

los ojos toman la forma de un puño
me escurre la sangre
primero los brazos
luego una gota abraza el pavimento

toda yo caigo
asumiendo los principios de la gravedad

saboreo la tierra entre los dientes de mi boca
desde aquí veo cómo la huella de mi sangre corre
calle abajo

Suddenly I am struck
and the skin of my face deforms
like putty for sculpting children's toys

my eyes shape like fists
my blood drains
first my arms
and then my blood reach for the pavement

I fall whole
overwhelmed by the principles of gravity

I taste the dirt between the teeth in my mouth
from here I watch the blood flow
down our street

Escuché al doctor decir
que si nos despedíamos
podrías notarnos
en esa profundidad acuática
de donde nos miras ahora

padre
háblame del sonido del mundo
a cien leguas de distancias

I heard the doctor say
that if we were to say goodbye
you would hear us
in the watery depths
from which you regard us now

father
tell me how this world sounds
from one hundred leagues distant

¿Con cuántas frases
lleno de optimismo una casa?

Observo a mi abuela a través de una pantalla
ella sonríe mientras cuenta
las cosas que hizo en el día

luego habla de conspiraciones
y de cómo funciona la economía
y de los dolores del mundo
y no pasa nada
                    dice que no tenga miedo

How many verses
to fill this empty house with optimism?

I watch my grandmother through a crystal
screen
she smiles and recounts
her day

and then the conspiracies
and the economy's functions
and the griefs of the world
and nothing comes of it
                        she says I shouldn't be afraid

Mi familia tenía un jardín
donde vivieron
todos los árboles del mundo

dentro de sus ramas
las hormigas hacían fiestas
y los niños del barrio
corríamos entre montañas de aire

creo que pasó mucho tiempo
desde la última vez que vi sus hojas
o manchamos nuestra ropa de polvo
pero todavía tengo en las uñas pequeños
rastros de eso
no supe cuándo
los grandes árboles cayeron
y el jardín se convirtió
en recuerdos de la infancia

aún me descubro mirando
por los ventanales de la casa
y logro ver en una esquina
mi cuerpo sucio de lodo

My family had a garden
where once grew
all the world's trees

among the branches
the ants would dance
between mountains of air
we neighborhood kids would run

I believe too much time has passed
since last I looked up through those boughs
or stained my clothes against the earth
yet still beneath my short nails
the traces remain

I don't know when
those big trees fell
the garden became
just another youthful memory

I still find myself staring
out the windows of this house
I see there on the corner
my own body filthy with mud

No puedo recordar
la última vez que abracé a mi madre
pero estoy segura
que ocurrió un fin de semana
estábamos comiendo pescado y ella se reía

después de un rato
la vi bajar por las escaleras del apartamento
guardé su aroma en mis fosas nasales
y luego se fue

desde entonces estoy parada en la cocina
gritando por dentro
con la ilusión de su respuesta.

I cannot remember
the last time I embraced my mother
but I am sure
it was some weekend
we ate fish and she laughed

after a time
I watched her descend my apartment stairs
I held her aroma in my nostrils
and then she went

and ever since I am standing in the kitchen
screaming within
and the illusion of her response.

Frydha Victoria (Author) holds a degree in Communication and Media from the Universidad Autónoma de Nayarit. She is the author of *Ánforas de Oporto* (CECAN, 2013), *Traslúcidos* (UAN, Fundación Julián Gascón Mercado, 2015), *Todos los Fantasmas de esta Casa* (Crisálida Ed, 2021) and *Beso de Tres* (Medusa Ed, 2024). She was a scholar of the VII Curso de Creación Literaria de la Fundación para las Letras Mexicanas (Xalapa, 2015) and of the Festival Los Signos en Rotación, Interfaz Issste-Cultura (Guanajuato, 2014). She is also the winner of the Nayarit State Poetry Prize "Trapichillo" (2015), and "Los Dones de la Tierra" (2017). Her work has been published in anthologies such as *17 Voces que Dicen Presente* (Instituto Zacatecano de Cultura, 2016) and *Novísimas: Reunión de Poetas Mexicanas* (Los Libros del Perro, 2020), and Dial-a-Poem, (John Giorno Foundation and Casa Wabi, 2022).

Alea Coble (Cover Artist) is an interdisciplinary artist with a focus on hand-drawn animations, performance, poetry, experimental writing, DIY publishing, and sculpture. Her work explores the ideas of trauma memory, labor, queer resistance, and DIY history, culture in the American South, and quantum entanglement.

Jared Allen Steiman (Translator) is a poet and educator based in Chattanooga, TN. After completing two degrees from the University of Tennessee at Chattanooga—Creative Writing (Poetry) and International Studies (Latin America and Migration Theory)—he began teaching weekly poetry workshops at Bradley Co. Jail while working various roles advocating for immigrant communities. In 2023, he received a Fulbright Garcia-Robles award to teach English and Poetry in Tepic, Nayarit. Within weeks of his arrival in Mexico, he met Frydha Victoria and began translating this book, *Todos los Fantasmas de esta Casa*. His own work has recently been featured in the anthology *Objects in this Mirror* (2025), Volume I and Volume II of *The Walnut Branch* (2024), and Edición III of *La Revista Inmóvil* (2025).

www.ingramcontent.com/pod-product-compliance
Lightning Source LLC
Chambersburg PA
CBHW011217120626
46545CB00008B/3038